Apprendre les Légumes

Ce livre appartient à:

____

Glorya Phillips

Aubergine

Chou

Laitue

Tomate

Pomme de terre

Patate douce

Céleri-rave

Céleri

Asperges

Betterave

Un Radis

Carotte

Haricots verts

Haricots

Poireau

Fenouil

Chou-rave

Citrouille

Champignons

Oignon vert

Oignon

Poivron

Piment

Avocat

Olives

**Merci de nous avoir choisi.
Nous espérons que vous avez apprécié
notre livre.**
Votre avis est important pour nous,
s'il vous plaît dites-nous comment vous avez aimé
notre livreà l'adresse :

 **glorya.phillips@gmail.com**

 **www.facebook.com/glorya.phillips**

 **www.instagram.com/gloryaphillips**